BEI GRIN MACHT SICH IHR
WISSEN BEZAHLT

AF154529

- Wir veröffentlichen Ihre Hausarbeit,
  Bachelor- und Masterarbeit

- Ihr eigenes eBook und Buch -
  weltweit in allen wichtigen Shops

- Verdienen Sie an jedem Verkauf

Jetzt bei www.GRIN.com hochladen
und kostenlos publizieren

Daniel Heck

Den Wald nachhaltig nutzen

GRIN Verlag

Bibliografische Information der Deutschen Nationalbibliothek:

Die Deutsche Bibliothek verzeichnet diese Publikation in der Deutschen National-
bibliografie; detaillierte bibliografische Daten sind im Internet über http://dnb.d-
nb.de/ abrufbar.

Impressum:

Copyright © 2010 GRIN Verlag, Open Publishing GmbH
Druck und Bindung: Books on Demand GmbH, Norderstedt Germany
ISBN: 978-3-640-89140-5

Dieses Buch bei GRIN:

http://www.grin.com/de/e-book/169559/den-wald-nachhaltig-nutzen

GRIN - Your knowledge has value

Der GRIN Verlag publiziert seit 1998 wissenschaftliche Arbeiten von Studenten, Hochschullehrern und anderen Akademikern als eBook und gedrucktes Buch. Die Verlagswebsite www.grin.com ist die ideale Plattform zur Veröffentlichung von Hausarbeiten, Abschlussarbeiten, wissenschaftlichen Aufsätzen, Dissertationen und Fachbüchern.

Besuchen Sie uns im Internet:

http://www.grin.com/

http://www.facebook.com/grincom

http://www.twitter.com/grin_com

Den Wald nachhaltig nutzen

Inhaltsverzeichnis

1.Einleitung   2

2.Definition/ Begriffserklärung   2

  2.1 Forstwirtschaft: 2

  2.2 Nachhaltigkeit in der Forstwirtschaft: 2

3.Den Wald nachhaltig nutzen   2

4.Funktion des Waldes   3

  4.1 Ökonomischer Nutzen (wirtschaftlicher Nutzen):   3

  4.2 Ökologischer Nutzen: 3

  4.3 Soziale Funktionen (Erholung/ Freizeitraum):   3

5.Verschiedene Waldarten   4

  5.1 Nadelwald: 4

  5.2 Laubwald: 4

  5.3 Mischwald: 4

6.Zerstörung des Waldes   5

  6.1 Gezielte Umwandlung (Entwaldung):   5

  6.2 Unbeabsichtige Entwaldung: 5

  6.3 Natürliche Ursachen: 5

7.Schutzfunktionen des Waldes (Ökologie)   5

  7.1 Boden   5

  7.2 Erosionsschutz   6

  7.3 Wasser   6

  7.4 Luft (Immissionsschutzfunktionen)   6

  7.5 Flora und Fauna   6

8.Expertenbefragung   7

1.Einleitung

-Begrüßung

-Nennung des Themas + allg. Informationen

-Erläuterung der Gliederung

2.Definition/ Begriffserklärung

2.1 Forstwirtschaft:

Forstwirtschaft bedeutet planmäßiges Handeln des wirtschaftenden Menschen im Walde. Arbeiten wie die Erhaltungen der Wälder, insbesondere als Schutz- und Erholungsraum sind Ziele dieser Handlungen.

2.2 Nachhaltigkeit in der Forstwirtschaft:

Nachhaltigkeit in der Forstwirtschaft bedeutet das Waldflächen auf eine Art und Weise genutzt werden, dass ihre biologische Vielfalt, Produktivität und Vitalität behalten. Außerdem darf die nachhaltige Bewirtschaftung einer Waldfläche anderen Ökosystemen (z.B. Wiese,...) keinen Schaden zufügen.

3.Den Wald nachhaltig nutzen

Wenn man den Wald nachhaltig nutzt, müssen die wirtschaftlichen, sozialen und kulturellen Bedürfnisse und Interessen dieser und zukünftiger Generationen in Einklang gebracht werden.

Ein wichtiger Punkt der Nachhaltigkeit ist, das nie mehr Bäume gefällt werden dürfen, wie nachwachsen. So sichert man der nächsten Generation genügend des Rohstoffs Holz.

Die Ministerkonferenz zum Schutz der Wälder hat ein Konzept zur nachhaltigen Waldbewirtschaftung entwickelt. Sie kamen zu dem Entschluss, dass die

Betreuung und Nutzung der Wälder auf eine Weise zu fördern ist, dass ihre biologische Vielfalt, die Produktivität, ihre Erneuerungsfähigkeit (Wachstum) und ihre Vitalität (Gesundheit) nicht beeinträchtigt wird und ihre Fähigkeit jetzt und in Zukunft die relevanten ökologischen, wirtschaftlichen und sozialen Funktionen zu erfüllen.

4.Funktion des Waldes

4.1 Ökonomischer Nutzen (wirtschaftlicher Nutzen):

Wenn Holz als Material, Brennholz oder auch als Holzkohle verwendet wird.

Die Agrarforstwirtschaft wie zum Beispiel Waldfeldbau.

Des Weiteren Non-timber forest products (NTFP) („Nichtholzprodukte des Waldes") als Nahrungsmittel (Pilze,...) , für Heilzwecke (Kräuter,...) und als Werkstoff.

4.2 Ökologischer Nutzen:

-Wasser

-Luft

-Sicht und Lärmschutz

-Flora und Fauna

(genaueres siehe Gliederungspunkt 7. Schutz des Waldes)

4.3 Soziale Funktionen (Erholung/ Freizeitraum):

Der Wald dient vielen Menschen als Erholungsraum zum Beispiel beim Wandern, Mountainbiking, Joggen. Für viele ist der Wald ein Rückzugsort zum Entspannen (Ablenkung, Inspiration) und dem Alltag zu entfliehen. Durch die Nähe zur Natur und die Stille die im Wald herrscht fühlen sich dort die meisten Menschen wohl.

Unterschiedlichen Studien zufolge schätzen Besucher die saubere Luft in einem Wald, Gerüche werden als angenehm empfunden, Stress verursachende Geräusche werden gedämpft und wirken Blutdruck senkend.

5.Verschiedene Waldarten

5.1 Nadelwald:

Der Nadelwald ist ein Wald, in dem ausschließlich Nadelbäume zu finden sind. Natürliche Nadelwälder wachsen in der kalten Klimazone. In Mitteleuropa werden heute im Allgemeinen Nadelwälder in den Hochlagen der Mittelgebirge und in den Alpen angesehen, die ein ähnliches Klima haben. Die ausgedehnten Kiefern- und Fichtenforste im Tiefland Mitteleuropas und viele Wälder Nordamerikas sind ausschließlich von den Menschen Ende des 18.Jahrhunderts angepflanzt worden. Nadelbäume konnten sich besser ausbreiten als Laubbäume, weil sie nicht so häufig gefällt worden sind. Nadelbäume wachsen sehr schnell und gerade, deshalb bringen sie auch schneller Profit ein.

5.2 Laubwald:

In Laubwäldern wachsen ausschließlich nur Laubbäume und keine Nadelbäume. Da jedoch Nadelbäume wie z.B. die Fichte in der Forstwirtschaft höhere Erträge lieferten oder wie die anspruchslosen Kiefern auf Grenzertragsböden noch gutes Wachstum zeigten, hat der reine Laubwald in Mitelleuropa durch die menschliche Bevölkerung stark abgenommen.

5.3 Mischwald:

In Mischwäldern kommen Nadel- und Laubbäume gemeinsam vor. Aus ökologischer Sicht ist Vorraussetzung, das jede Baumart ausreichend vorhanden sein muss. Mischwälder können unterteilt werden in Laubmischwälder, in denen vorwiegend oder ausschließlich verschiedene Laubbaumarten vorkommen. In Nadelmischwäldern gibt es ausschließlich verschiedene Baumarten.

6.Zerstörung des Waldes

Zerstörung des Waldes, auch Entwaldung genannt, ist eine weltweit stattfindende Umwandlung von Waldflächen zu anderen Landnutzungsformen. Dadurch wird das bestehende Ökosystem zerstört und durch ein anderes ersetzt. Natürlich kann Entwaldung auch in Form von Naturkatastrophen stattfinden.

Es gibt verschiedene Formen von Entwaldung:

6.1 Gezielte Umwandlung (Entwaldung):

So wird die beabsichtigte Entwaldung genannt, wenn Wälder gezielt abgeholzt werden, um die Fläche anderweitig zu verwenden, da sie so wirtschaftlich genutzt werden kann. Die entwaldete Fläche wird dann für die Landwirtschaft verwendet.

6.2 Unbeabsichtige Entwaldung:

Wenn falsche Bewirtschaftung stattfindet werden Wälder überbeansprucht und degeneriert (Funktionsverlust). Zur unbeabsichtigten Entwaldung zählt z.B. der illegale Holzeinschlag (wenn Bäume illegal abgebaut werden).

6.3 Natürliche Ursachen:

Entwaldung kann auch durch die Natur geschehen, inform von Naturkatastrophen wie z.B. Waldbrand, Vulkanausbrüche und anderes.

Ein anderer häufiger Grund für Waldsterben ist Schädlingsbefall. Schädlinge die sehr oft vorkommen ist der Borkenkäfer, der Buchdrucker oder der Kupferstecher.

7.Schutzfunktionen des Waldes (Ökologie)

7.1 Boden

Der Wald schützt den Boden auf dem er wächst und die Böden in naher Umgebung indem er die Bodenerosion stark vermindert. Außerdem schützt er davor, das der Boden vom Wasser abgetragen wird.

7.2 Erosionsschutz

Eine Waldfunktion, die nur in steilerem Gelände relevant ist ist der Schutz vor Lawinen- und Steinschlägen der durch die starke Verwurzelung gegeben ist.

Doch auch in flachem Gelände spielt diese Schutzfunktion eine wichtige Rolle, da die Durchwurzelung hier vor Abtragung des Bodens durch Wind und Wasser schützt.

7.3 Wasser

Der Wald spielt eine wichtige Rolle bei der Verfügbarkeit des Trinkwassers und bei dem Wasserkreislauf der Erde. Wälder speichern Wasser länger und besser als eine vergleichbar große Freifläche, weil der Boden das Wasser wie ein "Schwamm" aufnimmt. Durch die Beschattung (Laubdach) verdunstet wenig Wasser, was den Effekt des "Schwamms" noch vergrößert.

7.4 Luft (Immissionsschutzfunktionen)

Der Wald filtert das CO_2 aus der Luft und stellt nebenbei noch Sauerstoff her. Aus diesem Grund wird der Wald auch Lunge der Erde genannt.

Außer CO_2 filtert der Baum aber auch Giftstoffe oder Radioaktivität.

7.5 Flora und Fauna

Da der Wald relativ wenig intensiv genutzt wird, gibt es im Wald kaum Lärm und andere Reize, was die Wälder zu einem Rückzugsgebiet für scheue Tiere macht. Wie in jedem Ökosystem gibt es auch im Wald Tier- und Pflanzenarten die an das Leben im Wald speziell angepasst sind. Das heißt dass der Wald eine Art Artenschutzfunktion hat.

8.Expertenbefragung

Frage 1: Was ist ihre persönliche Definition von nachhaltiger Bewirtschaftung?

Antwort 1: Wenn man mit dem Wald so gut umgeht, das er für die zukünftige Generation erhalten bleibt.

Frage 2: Wodurch sterben die meisten Bäume der Wälder in Deutschland?

Antwort 2: Die Umweltverschmutzung ist ein Hauptgrund, wie z.B. Saurer Regen (Luftverschmutzung).

Frage 3: Was tragen sie dazu bei, dass der Wald nachhaltig genutzt wird?

Antwort 3: Ich erlaube den Leuten das Fällen von Bäumen nur, wenn ich sichergehen kann das mindestens dieselbe Menge nachwächst. Außerdem werden kranke Bäume zum Fällen freigegeben damit sie keine anderen Bäume anstecken.

Frage 4: Welche Vorteile hat die nachhaltige Nutzung für den Mensch?

Antwort 4: Die Erholungs- und Freizeiträume bleiben für den Menschen erhalten. Außerdem ist der Wald sehr wichtig bei der Wasserspeicherung und der Reinigung der Luft.

Frage 5: Wie viel Fläche der Gesamtfläche von Deutschland ist Wald?

Antwort 5: Die Waldfläche beträgt ca. 1/3 von Deutschland!